Todo lo que necesitas saber sobre

La violencia en la escuela

El incremento de la violencia en las escuelas ha provocado medidas de seguridad más drásticas.

Todo lo que necesitas saber sobre *La violencia en la escuela*

Anna Kreiner

Traducción al español
Mauricio Velázquez de León

The Rosen Publishing Group's
Editorial Buenas Letras™
New York

Published in 1996, 2000, 2003 by The Rosen Publishing Group, Inc.
29 East 21st Street, New York, NY 10010

Copyright © 1996, 2000, 2003 by The Rosen Publishing Group, Inc.

First Edition in Spanish 2003
Revised English Edition 2000

All rights reserved. No part of this book may be reproduced in any form without permission in writing from the publisher, except by a reviewer.

Cataloging Data

Kreiner, Anna
  Todo lo que necesitas saber sobre la violencia en la escuela / Anna Kreiner ; traducción al español Mauricio Velázquez de León.
    p. cm. -- (Todo lo que necesitas saber)
  Includes bibliographical references and index.
  ISBN: 978-1-4358-8865-4
  1. School Violence—United States—Juvenile literature.
2. School management and organization—United States—Juvenile literature. [1. Violence. 2. Schools. 3. Spanish language materials. 4. Weapons—Safety measures. 4. Safety]
I. Title. II. Series.
  155.9'37—dc21

Manufactured in the United States of America

Contenido

	Introducción	6
Capítulo 1	Violencia en la escuela: Un problema continuo	10
Capítulo 2	¿Qué produce la violencia en la escuela?	21
Capítulo 3	Mano dura	30
Capítulo 4	Cambiando nuestras ideas	39
Capítulo 5	¿Qué puedes hacer?	49
	Glosario	58
	Dónde obtener ayuda	59
	Sugerencias de lectura	61
	Índice	62

Introducción

Julia y Max están viendo la televisión cuando un reporte especial interrumpe la programación. El conductor de un noticiero aparece en pantalla y dice: "Tenemos información de un nuevo tiroteo en una secundaria. La policía informa que han muerto dos estudiantes y un profesor, y que hay varios heridos. Dos jóvenes han sido detenidos por las autoridades como los supuestos responsables. Se trata de dos varones, el primero de quince años de edad y el segundo de diecisiete, ambos alumnos de esta secundaria. Se desconoce aún el motivo de sus acciones".

Julia apaga enojada la televisión.

—¡No puedo creer que esté sucediendo de nuevo! —dice Max.

El graffiti es una expresión de violencia bastante común.

La violencia en la escuela

—Me da miedo ir a la escuela, —dice Julia— ¿Qué tal si alguien comienza a dispararnos en la clase?

—Esto es espantoso —afirma Max— ¿Cuándo irá a acabar?

La violencia: un problema que aumenta en las escuelas

En los últimos años se ha dado un incremento espeluznante de episodios de violencia en las escuelas. Esto fue enfatizado en abril de 1999 con el trágico tiroteo de la secundaria Columbine en Littleton, Colorado, en el que dos perturbados estudiantes abrieron fuego contra sus compañeros y profesores. Doce alumnos y un maestro perdieron la vida antes de que los pistoleros se suicidaran. Nadie sabe con certeza a qué se deben estos incidentes.

La violencia es el uso de la fuerza física para producir daño. En una escuela, esta violencia puede ir desde un delito mediano como pintar graffiti en los muros, hasta crímenes más serios como destruir costoso equipo escolar o amenazar a estudiantes o maestros. Una forma de violencia aún más seria es el uso de la fuerza física para dañar a una persona. Los alumnos que llevan armas a las escuelas con la intención de provocar daño han creado una de las peores epidemias de violencia escolar en la historia.

Introducción

Una escuela es un lugar para aprender y desarrollarnos socialmente, y debe proveer un ambiente seguro para todos. ¿Entonces por qué se ha incrementado la violencia escolar? ¿Qué produce la violencia en las escuelas? ¿Se puede hacer algo para prevenirla? ¿Cómo puedes mantenerte a salvo en una atmósfera cada día más peligrosa? Este libro resolverá estas y algunas otras preguntas. Además te ayudará a entender por qué se da la violencia en las escuelas y te ofrecerá recursos, sugerencias y, lo más importante, esperanza.

Capítulo 1
Violencia en la escuela: Un problema continuo

Abril 20, 1999. Littleton, Colorado. 11:15 a.m. Dos estudiantes entran caminando en la secundaria Columbine. Portando un arsenal de armas de fuego, disparan varias rondas a sus compañeros y más tarde colocan bombas de fabricación casera en toda la escuela. Al final del día catorce estudiantes, incluídos los criminales y un maestro, han muerto. Muchos otros han resultado heridos.

Las noticias del tiroteo de Columbine impresionaron, no sólo al pueblo de Littleton, sino a todo el país. La tragedia enfatizó el creciente problema de la violencia en las escuelas a nivel nacional.

Incluso los compañeros que parecen estar felices podrían sufrir problemas de violencia en sus hogares o en la escuela.

Las víctimas de este asesinato eran personas con intereses y metas similares a las de tus compañeros y maestros.

Pero en un instante, un acto violento acabó con su vida y produjo una sensación de temor y pérdida tan profunda que pasará tiempo antes de que los sobrevivientes, familiares y amigos logren sanar por completo.

En años recientes, este tipo de eventos hicieron noticia con demasiada frecuencia. ¿Qué está pasando con estos adolescentes? ¿Qué los hace estar tan enojados como para sentir la necesidad de hacer daño o matar? Las razones que hacen que un adolescente

La violencia en la escuela

ventile sus frustraciones mediante actos de violencia pueden ser muy variadas, desde malas calificaciones y presión de los compañeros hasta problemas en el hogar.

El incremento del crimen en nuestras escuelas

Es indudable que el uso de armas se ha incrementado en los Estados Unidos. A pesar del apoyo público para controlar su uso, el acceso a las armas es relativamente sencillo y cada día más y más estudiantes portan pistolas y otro tipo de armas, como cortapapeles y navajas. Muchos alumnos y maestros consideran poco seguras a sus escuelas.

De acuerdo con un reporte de la Agencia de Estadísticas de Justicia *(Bureau of Justice Statistics)*, llamado "Indicadores de la violencia y seguridad en la escuela, 1999":

- **Estudiantes en edades entre los doce y dieciocho años fueron víctimas de aproximadamente 1.2 millones de crímenes violentos no mortales en las escuelas.**

- **En el año escolar 1997-1998 los crímenes más comunes en los niveles de secundaria fueron los ataques físicos o peleas sin armas.**

Violencia en la escuela: Un problema continuo

- En 1997, 18% de los estudiantes reconocieron haber portado un arma en los últimos 30 días.

- En 1997, cerca del 7 u 8 por ciento de los estudiantes reportaron haber sido amenazados con una pistola, navaja o garrote en las instalaciones de la escuela en los últimos doce meses.

- Entre 1994 y 1998, los maestros fueron víctimas de 1.7 crímenes no mortales en la escuela, entre ellos, un millón de robos y 668,000 crímenes violentos.

- En 1998, cerca de una tercera parte de los estudiantes en grados noveno al duodécimo declararon que estando en la escuela, alguien robó o destruyó deliberadamente sus propiedades, tales como su automóvil, su ropa o sus libros.

Estas estadísticas demuestran que la violencia escolar se encuentra en aumento. Los alumnos y maestros reciben con demasiada frecuencia golpes, puñaladas o disparos. En ocasiones el agresor es un

La violencia en la escuela

sólo estudiante y en otras son grupos de alumnos que se unen en contra de un maestro u otro estudiante. Durante los cuatro últimos años, en un distrito escolar del área urbana de Nueva York, casi 100 maestros han sido agredidos anualmente por estudiantes.

Aunque la mayoría de los agresores y de las víctimas son varones, las estudiantes mujeres también portan armas y utilizan violencia física.

Como resultado, más de tres cuartas partes de los adolescentes de los EE. UU. creen que las amenazas de violencia son un problema en sus escuelas. Recientemente, más del 80 por ciento de los distritos escolares de la nación reportaron que los crímenes violentos se han incrementado en los últimos cinco años.

¿Es segura la escuela?

"¡Dame tu dinero o ya verás!" Esto puede parecer una escena en un callejón. Pero desgraciadamente la persona que dijo esto era un estudiante de *junior high* en Wisconsin. Y no se trata de un caso aislado. Cerca del 40 por ciento de los alumnos de octavo grado se han visto amenazados por actos violentos, y casi uno de cada cinco ha resultado lastimado en la escuela.

Las escuelas deberían ser un lugar seguro para ir a estudiar. Pero cuando alguien tiene temor, le cuesta más trabajo aprender. El miedo reduce las posibilidades de una persona de ser buen estudiante.

La violencia puede encontrarse en cualquier lado, incluso en la letra de una canción muy popular.

Desgraciadamente, más de un tercio de los estudiantes encuestados recientemente dijeron tener miedo en la escuela.

En una escuela, una chica de 19 años le rompió al director una botella de refresco en la cabeza. Y en otra secundaria se acusó a un estudiante de 17 años de tratar de violar a una chica de 15 en pleno salón de clase.

La violencia en la escuela

Probablemente los nombres de Columbine, West Paducah y Jonesboro, donde han sucedido los peores incidentes de violencia escolar te parezcan familiares. En estas tragedias, ampliamente divulgadas, 38 estudiantes y maestros han muerto, y 63 más resultaron heridos. Los crímenes fueron perpetrados por jóvenes de hasta once años de edad.

Debido a estos incidentes los estudiantes, los padres y los maestros tienen miedo. La Asociación Nacional del Rifle (NRA por sus siglas en inglés) realizó una encuesta entre los padres para conocer su opinión sobre la violencia armada. Casi un tercio de los adultos dijo estar preocupado por la violencia armada cuando mandan a sus hijos a la escuela.

Además la violencia dificulta el trabajo de los maestros, que deben pasar más tiempo disciplinando a los estudiantes. Los maestros podrían distraerse de su trabajo si temen por su seguridad. Incluso algunos de ellos han renunciado a su trabajo porque les preocupa la violencia en sus escuelas.

Mucha gente solía pensar que la violencia escolar era un problema de las escuelas en las ciudades. Durante los años setenta, por ejemplo, los maestros de las zonas urbanas eran diez veces más propensos a ser atacados que los maestros de las escuelas rurales. Aunque es más común escuchar noticias de crímenes y violencia en las grandes ciudades, éste no es un fenómeno exclusivo de estas metrópolis. Los crímenes violentos

Violencia en la escuela: Un problema continuo

también suceden en poblados pequeños y en los suburbios. La violencia se da en todas partes, en escuelas privadas y públicas, en planteles predominantemente blancos o de minorías, en los suburbios y en el centro de las ciudades. Estos criminales son niños, adolescentes y adultos con problemas. Sus víctimas suelen ser estudiantes y maestros.

El pasado

Los chicos siempre han roto las reglas de la escuela. La mayoría de las "manzanas podridas" provocan problemas hablando fuera de turno o llegando tarde a clase. Estos estudiantes podían ser descorteses o perjudiciales, pero generalmente no eran violentos.

Pero desde hace muchos años, algunos estudiantes han causado problemas serios. Durante el siglo XIX, los educadores y legisladores comenzaron a reconocer que los menores de edad cometían crímenes. Entonces crearon tribunales juveniles especiales y reformatorios para tratar de ayudarlos. En ocasiones los reformatorios ayudaron a los estudiantes, pero con mayor frecuencia sólo los alejaban de las calles hasta que se convertían en criminales adultos.

En el siglo XX, los legisladores, maestros y la sociedad tuvieron diferentes opiniones acerca de la violencia y la disciplina escolar. En ciertas épocas, los

La violencia en la escuela

maestros enfatizaron la "educación progresiva", relajando la estricta disciplina escolar. Cuando los maestros veían que los estudiantes comenzaban a descontrolarse, regresaban a estándares más estrictos.

En los años cincuenta y sesenta se dieron muchos cambios en la sociedad. La gente comenzó a cuestionar la autoridad, particularmente cuando parecía del tipo sexista o racista. Los estudiantes demandaron sus derechos de una forma que no había sido vista hasta entonces. A muchos jóvenes les gustó este cambio social. Ya no tenían que someterse a las estrictas reglas y políticas disciplinarias del pasado, muchas de las cuales consideraban injustas.

Pero mucha gente cree que esa relajación de la disciplina escolar fue un error y es la responsable de la creciente violencia en las escuelas. Si los estudiantes pueden salirse con la suya en cuanto a la violencia, argumentan, entonces actuarán violentamente. Estas personas piensan que las escuelas públicas deben tener reglas más estrictas y se les debe permitir expulsar a los estudiantes problemáticos. En su opinión, el problema está en las escuelas.

Muchas escuelas privadas tienen altos estándares que son envidia de los maestros de las escuelas públicas. "Los estudiantes de las escuelas privadas saben que si no cumplen con los estándares tendrán que salir de la escuela", opina un maestro de una escuela pública.

Violencia en la escuela: Un problema continuo

El presente

La violencia en las escuelas se ha incrementado de forma notable desde finales de los años setenta. Aún así, los incidentes han sido más frecuentes en los últimos años. A continuación encontrarás algunos de estos eventos.

> 2 de febrero de 1996. Moses Lake, Washington. Un estudiante de catorce años de edad dispara a su maestro de álgebra y a tres estudiantes con un rifle de cacería. El joven es condenado a dos cargos por asesinato en primer grado y sentenciado a dos cadenas perpetuas sin derecho a libertad condicional.

> 1 de octubre de 1997. Pearl, Mississippi. Un chico de dieciséis años de edad apuñala de muerte a su madre y luego va a la Secundaria Pearl donde le dispara a nueve estudiantes. Dos de ellos mueren y siete quedan heridos. El criminal es juzgado como adulto y sentenciado a tres cadenas perpetuas.

La violencia en la escuela

19 de mayo de 1998. Fayetteville, Tennesse. Un estudiante condecorado de dieciocho años de edad dispara y mata a un compañero de clase en el estacionamiento de la escuela. El motivo: La víctima había salido con la ex novia del estudiante.

15 de junio de 1998. Richmond, Virginia. Enojado con un compañero de clase, un estudiante de catorce años de edad abre fuego en los pasillos de su secundaria. Un maestro y un voluntario resultan heridos. El estudiante se declara culpable de cinco de los cargos e ingresa a una escuela para chicos con problemas.

Mayo de 1999. El presidente Clinton comenta acerca de un tiroteo sucedido días antes en Georgia, en el que seis estudiantes resultaron heridos. Declara que el incidente le aflige tan profundamente como a todos los estadounidenses.

Capítulo 2 ¿Qué produce la violencia en la escuela?

La gran pregunta es: ¿Por qué está sucediendo todo esto; qué produce la violencia en los chicos y chicas? El Centro Nacional para las Víctimas de Crímenes Violentos declaró que en el periodo escolar 1997-1998 60 personas murieron a causa de incidentes asociados a la violencia en las escuelas.

Aunque el índice delictivo ha disminuido en los últimos años, aún vivimos en una sociedad violenta. De acuerdo a un estudio de 1998 de la Agencia de Estadísticas de Justicia, los estadounidenses mayores de doce años experimentaron aproximadamente 31 millones de crímenes violentos y contra la propiedad. Las noticias recuerdan a los adolescentes sobre tiroteos y asesinatos, mientras las películas, la televisión, la música y juegos de video diseñados para entretener a los niños tienen un evidente contenido de violencia.

Es difícil saber cuáles son los estudiantes armados en las escuelas.

Las puertas de la escuela no pueden alejar esta violencia y no sorprende que muchos estudiantes y maestros experimenten la violencia en los salones de clase.

Pandillas y drogas

Jeff sabía que había cometido un error. Había llevado una sudadera roja a la escuela. Éste era el color de una de las pandillas del colegio. Ahora ellos estarían tras él, creyendo que los estaba fastidiando. Jeff comenzó a portar un cuchillo en su bolsillo, y aunque esperaba no tener que usarlo, estaba listo para lo que pudiera suceder.

¿Qué produce la violencia en la escuela?

Es muy fácil involucrarse con pandillas. Vender drogas y hacer mucho dinero puede ser tentador, especialmente cuando necesitas dinero rápido. Además, ingresar en una pandilla puede parecer una buena forma de pertenecer a un grupo. Vista desde el exterior, la vida de las pandillas puede parecer atractiva y estimulante, pero es muy peligrosa.

"Tengo que portar una pistola", dijo un estudiante en una escuela de Los Ángeles donde la violencia de las pandillas es algo común. "Si no tengo un arma, ¿cómo puedo protegerme del chico que sí la tenga?"

Casi todos los pandilleros han sido víctimas de la violencia o conocen a alguien que la ha padecido. Además muchos curiosos inocentes han resultado víctimas de la violencia.

El uso de drogas por parte de los adolescentes puede provocar mayor violencia en las escuelas. Es más probable que alguien que está drogado se comporte de manera impulsiva. Es más fácil lastimar a alguien o tomar riesgos cuando se está drogado. Un adicto a las drogas puede también robar a otros estudiantes o maestros para pagarse el vicio.

Abusos en el hogar

Muchas personas aprenden muy temprano en sus vidas que la violencia es algo aceptable. Nuestra sociedad, y en ocasiones nuestra familia, aceptan la violencia, e incluso la promueven. Con frecuencia, los

La violencia en la escuela

jóvenes que han sufrido de abusos, o que han visto cómo se abusa de otros miembros de la familia, se vuelven personas agresivas. Son violentos porque están enojados. En ocasiones utilizan los puños porque no conocen otra manera de solucionar sus problemas. "Yo no sabía que mi papá no debía golpear a mi mamá", dijo una joven. "Yo pensaba que así era como actuaban todas las personas".

Un joven fue sentenciado a cuatro años en un centro de detención juvenil tras haber atacado brutalmente a un compañero de clase.

"Así es como mi padrastro nos obligaba a hacer lo que él quería. Yo pensé que el mismo método funcionaría para mí", dijo desde su celda.

Los cambios en la familia

Algunas personas creen que el incremento de familias con un sólo padre ha provocado un aumento de la violencia escolar. Hay quien dice que los padres no tienen la energía o el deseo de enseñarle valores a sus hijos. Pero no todos concuerdan con esto. "Mi mamá me enseñó la diferencia entre el bien y el mal", dice un chico que creció en un área con altos índices criminales de Los Ángeles. "Era importante para ella, así que buscó tiempo para enseñármelo".

Según otros, la ruptura del núcleo familiar ha producido un incremento de violencia al crear mayor

Los padres están trabajando largas jornadas, y más adolescentes deben enfrentar la responsabilidad que implica estar solos.

tensión tanto en los padres como en los hijos. Muchos padres trabajan largas jornadas y tienen muy poco tiempo para compartir con sus familias. Con frecuencia los jóvenes regresan a una casa vacía mientras sus padres continúan en el trabajo, y algunas veces deben cuidar de sus hermanos menores. Esta responsabilidad adicional puede resultar agobiante y provocar sentimientos de soledad, ira y frustración. Otros jóvenes sienten falta de amor o de apoyo porque sus padres están demasiado ocupados como para prestarles atención. Algunos se unen a pandillas en busca de

Algunos educadores opinan que los padres deben jugar un papel más activo en la disciplina de sus hijos.

amigos y emociones. Otros se convierten en personas solitarias y enfadadas, y pueden comportarse con violencia con las personas que las rodean.

¿Puedes conseguir un arma?

¿Qué tan sencillo es conseguir un arma? ¿Podrías conseguir una si lo quisieras? Se suele pensar que los chicos que viven en zonas urbanas son quienes tienen acceso a las armas de fuego, pero no son los únicos. "Mi papá tiene una colección de armas", dice Julia, estudiante de un suburbio de Chicago. "De hecho,

¿Qué produce la violencia en la escuela?

muchos de mis parientes tienen armas. Mi papá las guarda en el sótano y tiene la llave en su llavero. Así que si quiero conseguir una pistola sólo tengo que esperar a que se duerma. ¡Así de sencillo!"

Como el papá de Julia, los ciudadanos comunes poseen 200 millones de armas de fuego. Un estudio de la Asociación de Escuelas de Florida y la Asociación de Administradores Escolares reveló que cerca del 93 por ciento de las armas que llegan a las escuelas provienen de los hogares de los estudiantes o de las casas de sus amigos o familiares.

De acuerdo a otro estudio, casi uno de cada trece estudiantes de secundaria porta un arma en la escuela. El estudio menciona que 35 estudiantes han amenazado con utilizar su arma contra otros estudiantes o maestros. Otro estudio menciona que cerca de una cuarta parte de los estudiantes que respondieron al estudio han llevado un arma a la escuela en el mes anterior, sea para protegerse a sí mismos o para utilizarla en una pelea. El aumento en el crimen y la violencia en nuestro país contribuye a la difusión de la violencia en las escuelas. Pero tan importante como la incidencia de la violencia es nuestra actitud al respecto.

En defensa propia

Desafortunadamente la violencia en las escuelas genera más violencia. Tras un acto violento los estudiantes se

La violencia en la escuela

sienten inseguros y buscan la manera de protegerse a sí mismos. Entonces comienzan a llevar armas a la escuela. De pronto todos se arman en defensa propia. "He estado pensando llevar una de las pistolas de mi papá a la escuela", dice Julia. "Conozco muchos chicos que ya están armados. ¿Por qué entonces quedar desprotegida? Tengo que defenderme de cualquier manera".

La violencia y los medios de comunicación

A Pedro le encantaban las películas de acción. Desde pequeño disfrutaba viendo persecuciones de autos, armas disparando, bombas destruyendo edificios y viendo cómo los malos explotaban en pedazos. En la mayoría de los casos los buenos ganaban, aunque generalmente utilizaban la violencia para solucionar sus conflictos. Esto emocionaba a Pedro.

Pedro andaba de fiesta con algunos amigos en casa de Howard. Como los papás de Howard estaban de viaje tenían la casa para ellos solos, escuchaban música y bebían alcohol. La mayoría estaban borrachos y pasando un buen rato.

Pedro entró con Howard al cuarto de sus papás. Los dos estaban mareados. —¡Mira! —

¿Qué produce la violencia en la escuela?

dijo Howard mientras sacaba una pistola de la mesa de noche de su papá. —Parezco uno de los malos de la película que vimos anoche. Pedro no se preocupó porque sabía que Howard estaba jugando. —¡Mira! —dijo éste mientras apuntaba la pistola a su cabeza y tiraba del gatillo. Hubo un disparo. Antes de que Pedro pudiera hacer algo Howard cayó muerto al piso. Había sangre por todas partes.

Howard se olvidó de revisar si la pistola estaba cargada. Pedro quedó abrumado al ver violencia real frente a sus ojos. Era completamente distinto a aquellas películas y programas de televisión.

Aunque la violencia ha sido muy popular en la industria del entretenimiento, muchas personas la han criticado por enviar el mensaje de que es divertida y excitante. Algunos chicos son incapaces de ver la diferencia entre fantasía y realidad y malinterpretan los mensajes violentos de las películas, programas de televisión y la música. Estos chicos creen que la violencia puede solucionar cualquier problema.

Capítulo 3

Mano dura

Beep, beep, beep. Cuando Steve entró por la puerta principal de su secundaria escuchó un sonido parecido al de una sirena. Entonces lo supo; era un detector de metales.

El guardia de la escuela se acercó y dijo
—Vacía tus bolsillos.

Buscando en su mochila, Steve tomó un cuchillo y lo colocó en la cara del guardia. No iba a darse por vencido sin pelear.

El guardia desarmó a Steve rápidamente. Luego un policía le leyó sus derechos. Steve había sido arrestado.

Armas en la escuela

Seguramente has caminado a través de un detector de metales en un aeropuerto o en el edificio de una oficina federal. Pues ahora los estudiantes los encuentran

Muchas escuelas han comenzado a utilizar mediación de los compañeros para resolver disputas entre estudiantes.

regularmente en sus escuelas. Cada día más escuelas contratan guardias de seguridad e instalan detectores de metales. Cerca del 15 por ciento de los distritos escolares de la nación utilizan estos aparatos.

Si el detector de metales descubre que un estudiante lleva un arma se toman acciones muy serias. El arma es confiscada y se establece contacto con las autoridades. Castigos más estrictos han sido impuestos a los estudiantes como consecuencia de la creciente epidemia de violencia en las escuelas.

A consecuencia del incremento de la violencia armada, el gobierno federal y algunos Estados han aprobado leyes más estrictas. En la mayoría de los

La violencia en la escuela

Estados es ilegal vender un arma a menores de dieciocho años. El presidente Clinton firmó en 1994 el decreto de Escuelas Libres de Armas. Bajo esta ley, cualquier estudiante que sea sorprendido portando un arma en la escuela es expulsado durante un año escolar. Actualmente, la mayoría de las escuelas tienen políticas de cero tolerancia, lo que significa que tienen reglas para castigar de forma severa a los estudiantes, sin importar qué tan pequeñas sean sus ofensas. Las políticas de cero tolerancia están dirigidas hacia los estudiantes que causan problemas, y no sólo se aplican en relación con armas sino también a las peleas, las actividades de pandillas y las drogas.

Esto no es un juego

A la hora del almuerzo, Sammy le dijo en voz baja a Jason que echara un vistazo a su mochila. En ella había una pistola. —Voy a usarla contra Mr. Washington, —susurró Sammy—. Ha sido muy duro conmigo y ahora recibirá su merecido. Después del almuerzo, Jason fue a la oficina del director y le informó sobre la pistola. Inmediatamente, el director y los guardias de la escuela abrieron el casillero de Sammy, donde encontraron la mochila con el arma en su interior. El castigo de Sammy fue rápido y severo. Ahora está confinado en un centro de detención para adolescentes.

Hay muchas personas a las que puedes acudir si tienes un problema con las drogas o el alcohol.

Muchos maestros se quejan de que el comportamiento de los estudiantes interfiere con la enseñanza. Desean reglas más estrictas y que se cumplan las leyes. Algunos distritos escolares han respondido imponiendo nuevos procedimientos disciplinarios. Los estudiantes que cometen actos violentos pueden ser suspendidos o expulsados. En algunos Estados, los delincuentes juveniles son enviados a centros de detención o escuelas alternativas.

Algunas escuelas alternativas ayudan a los estudiantes con problemas a aprender nuevas formas

La violencia en la escuela

de comportamiento. Pero los críticos se quejan de que muchas escuelas alternativas son "basureros" discriminatorios. Dicen que los estudiantes de las minorías están sobrerepresentados, y que las escuelas alternativas no ayudan en lo más mínimo a los alumnos. Además algunos distritos no pueden sostener escuelas alternativas. por lo que los estudiantes violentos, o continúan en el sistema tradicional, o dejan de estudiar.

Charles era nuevo en la Secundaria Santa Mónica y no tenía muchos amigos. Algunos de los estudiantes tenían miedo de él. Era hosco, y de lo único que le gustaba hablar era de la colección de armas de su papá.

Un día durante el almuerzo, Charles comenzó a golpear sin motivo a su compañero Mark. Las lesiones que le produjo fueron tan graves que Mark tuvo que ser llevado al hospital.

Charles fue arrestado, y más tarde los maestros se enteraron de que había sido arrestado con anterioridad y expulsado de su escuela debido a su comportamiento violento.

Los maestros estaban muy enojados, y les hubiera gustado saber más acerca del historial de Charles. Pero en su Estado los expedientes de los tribunales juveniles se mantienen en secreto.

Mano dura

Los derechos de los estudiantes y la actitud de mano dura

Los maestros están preocupados por su seguridad y quieren más información sobre los estudiantes violentos. En muchos Estados los expedientes de los delincuentes juveniles están sellados. El sistema protege los derechos de los jóvenes al conservar privada esta información.

Pero los maestros alegan que tienen derecho de saber qué estudiantes son propensos a la violencia. En 1989 California aceptó una legislación que obliga a los distritos escolares del Estado a informar a los maestros acerca de estudiantes que han lastimado o tratado de lastimar a otras personas. La Federación Norteamericana de Maestros (*Amercian Federation of Teachers*), la segunda agrupación de maestros del país, aboga por compartir mayor información. La agrupación considera que la violencia puede disminuir si los estudiantes que pueden actuar violentamente son identificados de forma temprana y reciben atención especial.

Algunas escuelas están tratando de reducir la violencia relacionada con pandillas prohibiendo a los estudiantes que utilicen prendas generalmente asociadas con estos grupos, tales como cierta clase de sombreros, pantalones, zapatos deportivos, sudaderas y trajes para ejercicio. Como en muchas ocasiones las peleas se inician cuando el miembro de una banda

La violencia en la escuela

piensa que otro estudiante está usando la prenda "equivocada", muchos maestros y estudiantes creen que ésta es una buena medida.

Otros consideran que no va al meollo del asunto, debido a que la violencia relacionada con las pandillas, es sólo una parte del crimen en la mayoría de las escuelas. Además se piensa que estas reglas no son justas y que restringen la libertad de expresión de los estudiantes.

Muchos maestros y alumnos aprueban la idea de una atmósfera más estricta en las escuelas. "Es hora de que alguien les enseñe una lección a estos chicos", dice un maestro en California. "Tenemos que regresar a la disciplina, que se ha salido por la ventana".

"Me siento más seguro sabiendo que alguien nos está cuidando", dijo una estudiante de una secundaria de Maryland en la que recientemente se habían instalado detectores de metal. Sin embargo, otras personas se oponen al uso de detectores de metal y puestos de seguridad pues consideran que estos métodos violan los derechos de los estudiantes.

En Detroit, la Unión Americana de Libertades Civiles (*American Civil Liberties Union*) y el distrito escolar trabajaron juntos para llegar a un acuerdo. El distrito acordó informar a los estudiantes antes de que se instalaran detectores de metal, y usarlos únicamente donde existiera un problema con armas de fuego.

Mano dura

Los maestros desean que los padres se involucren más con las escuelas. En algunos distritos los padres se han inscrito en el movimiento Mano Dura (*Get-Tough*), patrullando los pasillos en busca de armas y comportamiento violento.

Algunos educadores consideran que los padres deben jugar un papel más activo en el hogar. Desean que los padres enseñen autodisciplina a sus hijos, y que apoyen los procedimientos disciplinarios en la escuela.

Muchas personas creen que la actitud de mano dura es una buena ayuda. En su opinión, los estudiantes utilizan la violencia sólo porque saben que pueden salirse con la suya.

Cómo detener la violencia

Los detectores de metales y una vigilancia policiaca más estricta pueden ayudar a reducir la violencia. Pero aún así, algunos estudiantes siguen llevando armas a la escuela, pues aprenden a esconder sus pistolas, cuchillos y cortapapeles. Además, los estudiantes siempre tendrán al menos un arma: sus puños.

Una forma más eficaz de solucionar el problema es ayudar a los estudiantes a reconocer que la violencia no es aceptable. Deben darse cuenta de que no solucionará sus problemas y que las consecuencias pueden ser muy serias, tanto para sus víctimas como para ellos mismos.

La violencia en la escuela

Mientras los estudiantes consideren que la violencia los ayudará a conseguir lo que desean, seguirán causando daño a otras personas y propiedades. Pero al desafiar a los estudiantes a que reconsideren su actitud hacia la violencia, las escuelas y los padres de familia pueden ayudar a generar cambios muy duraderos.

En ocasiones la gente utiliza la violencia porque se siente abrumada por sus problemas. Algunos la utilizan porque no se gustan a sí mismos. Otros están molestos con el mundo a su alrededor. Los estudiantes, padres de familia y maestros deben estar alertas a fin de identificar a los estudiantes problemáticos e informar sobre cualquier comportamiento amenazante o extraño. En ocasiones algo que parece insignificante podría ser un grito de ayuda. Presta atención a las personas a tu alrededor, esta puede ser la diferencia.

El siguiente capítulo hablará de cómo las escuelas están tratando de cambiar la manera como los estudiantes piensan acerca de la violencia y le están ayudando a lidiar con sus problemas de forma más productiva.

Capítulo 4 | Cambiando nuestras ideas

Los alumnos están frente al juez. El día de ayer los dos chicos discutieron por dinero. Cada uno reclamaba que el otro había robado diez dólares de su casillero.

Comenzaron a reñir en el patio de la escuela. Antes de que surgiera la violencia, un maestro interrumpió la pelea. Entonces les dijo que tenían que ver al juez.

Pero este juez no utiliza una larga toga, ni se encuentra en un juzgado federal. La juez es otra estudiante y está sentada en un salón de clase.

Una forma de protegerte es evitar comportarte como una víctima. Compórtate con confianza y pon atención a lo que te rodea.

Mediación de los compañeros

Algunas escuelas han introducido la mediación de los compañeros para reducir la violencia en los salones de clase. En el ejemplo anterior, la escuela crea un tribunal ficticio en que los problemas pueden resolverse como si estuviesen en una corte verdadera. Estos programas ayudan a los estudiantes a resolver sus conflictos antes de que se tornen violentos. Los mediadores son estudiantes entrenados para escuchar atentamente y ofrecer soluciones justas. Cada estudiante presenta su versión de la historia, y los mediadores preparan un acuerdo para que sea firmado por ambas partes.

Cambiando nuestras ideas

Obtener más ayuda

Las escuelas solían ser lugares para aprender a leer, escribir y contar. Ahora muchas escuelas están dando importancia a otra asignatura: aprender a relacionarnos. La mayor parte de la violencia ocurre entre personas que se conocen, no entre extraños. Por eso es importante aprender a hablar con las personas y resolver los problemas sin utilizar la violencia.

En 1940, el problema más serio para los maestros eran los alumnos que hablaban fuera de turno, masticaban goma de mascar y hacían ruido. Actualmente muchos estudiantes tienen problemas más serios. En 1990 los maestros mencionaron la violencia como su problema de educación principal. Las peleas físicas y la posesión de armas encabezan estos problemas.

Los educadores saben que los alumnos enfrentan muchos retos fuera de la escuela. Cuando estás preocupado por las pandillas, las drogas y el alcohol en tu vecindario, puede resultar muy difícil sentirte seguro en cualquier lugar. En ocasiones los estudiantes descargan su ira o frustración en la gente que tienen a su alrededor.

Los consejeros y maestros desean prevenir la violencia antes de que suceda. Por eso enseñan a los estudiantes métodos pacíficos para reducir la tensión y manejar la ira. "Estaba acostumbrado a utilizar mis

Una manera de evitar situaciones potencialmente violentas es evitando el consumo de drogas.

puños cuando me enojaba", dice un estudiante que ha sido suspendido cuatro veces por comportamiento violento. "Ahora estoy aprendiendo a hablar acerca de lo que me molesta". En una clínica escolar de Alabama, los estudiantes pueden obtener ayuda extra para sus problemas de alcohol, drogas y tensión familiar. Las iglesias y centros comunitarios también ayudan a encontrar alternativas a las pandillas, las drogas y las peleas. "Me uní a una pandilla porque no había otra cosa que hacer", dice un joven en un centro comunitario. "Ahora sé que un día a la semana puedo venir aquí a jugar baloncesto y divertirme un rato".

Cambiando nuestras ideas

Formar relaciones

Muchos criminales no se sienten conectados con otras personas. Olvidan que la persona al otro lado de la navaja, del cuchillo o del cañón de la pistola también tiene sentimientos. Ésta es otra razón por la cual enfocarse en las relaciones puede ayudar a reducir la violencia.

Los investigadores han encontrado que los homicidas adolescentes tienden a ser, no solamente violentos, sino extremadamente violentos. Un asesino adolescente acuchilló a su víctima 46 veces.

Un psicólogo que estudia adolescentes violentos considera que estos jóvenes se sienten muy mal acerca de sí mismos. "Para que una persona trate a su víctima como un pedazo de carne, me parece que ella misma debe haber sido deshumanizada".

Con frecuencia a estos adolescentes violentos no les importa lo que se hacen a sí mismos o a los demás. Cuando te sientes bien acerca de ti mismo, es menos probable que recurras a la violencia.

Pensar en las consecuencias

Las escuelas han comenzado a ayudar a los estudiantes para que consideren los efectos del comportamiento violento. Por ejemplo, ex pandilleros en Los Ángeles y otras ciudades han comenzado a hablar a los estudiantes sobre la vida en las pandillas. "Sí, es excitante",

La violencia en la escuela

dice un antiguo miembro de una pandilla. "Además puedes hacer dinero. Pero eso sólo te sirve si estás vivo".

Cuando los pandilleros cumplen cuatro años en la pandilla, casi todos han estado involucrados en actividades violentas. Los ex pandilleros saben que no es buena idea pensar que saldrás de la pandilla antes de que comience la violencia. "Nunca sabes cuándo alguien en el coche de al lado va a disparar una ametralladora. Podría ser esta noche".

Pero la violencia relacionada con pandillas y drogas es sólo parte del problema. Es más probable que un estudiante dispare a otro durante una riña por un novio o novia, o por algún desacuerdo, que recibir un disparo de un pandillero.

Muchos de los estudiantes que fueron arrestados tras disparar en sus escuelas cumplen sentencias de cadena perpetua. Otros han comenzado a pensar en las consecuencias de sus actos violentos. Estos estudiantes pasarán su vida tras las rejas pensando en el daño y el dolor que le produjeron a sus víctimas y a sus familiares.

Pero recuerda, la violencia puede prevenirse. Una escuela reformista de Boston está tratando de ayudar a los jóvenes violentos a desarrollar mejores habilidades para resolver los problemas. Allí los estudiantes aprenden a resolverlos sin recurrir a la violencia.

Tú podrías comenzar un grupo de apoyo u orientado a buscar soluciones para acabar con la violencia en tu escuela, o ingresar a uno.

Los maestros hacen la siguiente pregunta: Otro chico tiene la última pelota en el campo. Tú quieres jugar con ella. ¿Qué vas a hacer?

La primera reacción de muchos estudiantes es pegarle al otro estudiante y tomar la pelota. Pero después de pasar por el programa de resolución de problemas, más estudiantes dieron una nueva respuesta: jugar juntos con la pelota.

Por otra parte, los estudiantes están aprendiendo lo peligrosas que pueden ser las armas. Este tipo de educación debe empezar en etapas tempranas. La mayoría de los crímenes relacionados con armas

La violencia en la escuela

suceden en secundaria, pero casi una cuarta parte de la violencia relacionada con armas de fuego ocurre en *junior high*.

Una nueva filosofía

Otra forma como las escuelas están tratando de reducir la violencia es dándole esperanza a los estudiantes.

"¿Qué diferencia puede haber?", dice un adolescente de un barrio de alto índice de criminalidad? "Si yo no les disparo, ellos me dispararán a mí. De cualquier manera, probablemente alguien más nos dispare a los dos".

Para muchos jóvenes, desdichadamente, la violencia se ha convertido en una forma de vida. Y de muerte.

Estos jóvenes no creen tener un futuro. No esperan conseguir un trabajo o vivir en un barrio seguro. Por eso les parece más sencillo vivir el momento. Con frecuencia utilizan la violencia para obtener lo que desean de inmediato.

Las escuelas tratan de ayudar a estos estudiantes enseñándoles habilidades que pueden usar para conseguir un buen trabajo. Además les ayudan a planear un futuro exitoso.

Memo y Eddie han sido amigos desde niños. Pero al comenzar la secundaria empezaron a llevarse con diferentes grupos de amigos. Eddie se hizo

Cambiando nuestras ideas

amigo de un chico de una pandilla local que lo invitó a unirse a su banda. Aunque Memo trató de convencerlo de no hacerlo, Eddie no hizo caso.

Mientras Eddie pasaba tiempo con sus nuevos amigos, Memo comenzó a trabajar en una tienda de refacciones para automóviles. En sus descansos iba a la parte trasera donde veía a los mecánicos trabajar en los autos. Memo quería trabajar con ellos algún día y por eso había comenzado a buscar escuelas de mecánica automotriz.

Un día Eddie pasó a visitar a Memo. Le dijo que en la pandilla había mucha violencia y estaba tratando de salirse de ella. —Pero dicen que no puedo salirme, —dijo Eddie— Una vez dentro, estás dentro.

Un mes más tarde, Eddie y Memo iban caminando por la calle cuando un automóvil pasó a su lado. Antes de que Memo pudiese darse cuenta, Eddie estaba tirado en la acera sangrando. Memo corrió a una tienda y llamó a una ambulancia. Pero era demasiado tarde y Eddie murió de la herida causada por uno de sus ex compañeros de la pandilla.

Memo tuvo suerte. Él pudo haber recibido el disparo. Tras el incidente, Memo se hizo consejero en el centro

La violencia en la escuela

comunitario de su vecindario. Su objetivo es mantener a los jóvenes fuera del círculo de violencia que Eddie había elegido.

Como Memo, tú también puedes convertirte en consejero en un centro comunitario. Puedes hablar con adolescentes que están confundidos o que necesitan ayuda. Tu misión será ayudarlos a permanecer en la escuela, mantenerse a salvo y evitar problemas. La mayoría de los centros comunitarios tienen programas para adolescentes. Éstos ofrecen muchas actividades, desde eventos sociales y pláticas, hasta programas de largo alcance y de capacitación laboral. Los centros comunitarios ofrecen un lugar seguro donde los adolescentes pueden reunirse y pasarla bien con sus amigos.

Hay muchas personas trabajando para acabar con la violencia en la escuela. Trabajan para establecer programas de largo alcance, líneas telefónicas de ayuda, sistemas de apoyo y de asesoría para jóvenes con problemas de violencia. Tú puedes ayudar a acabar con la violencia en las escuelas. El siguiente capítulo te dará algunas respuestas sobre la forma como puedes ayudar a prevenirla.

Capítulo 5
¿Qué puedes hacer?

¿Qué puedes hacer para estar seguro en la escuela? Tú sabes que la violencia es un grave problema en muchas escuelas. Aunque saber acerca del problema no lo hará desaparecer, una vez que estás consciente de que existe puedes buscar maneras de disminuirlo.

El paso más importante es aprender a protegerte de una situación violenta. Pero además puedes ayudar a conseguir un objetivo más grande: prevenir la violencia antes de que suceda.

Protegerte a ti mismo

¿Cómo puedes protegerte? Primero, haz caso de tus instintos. Si te sientes inseguro o incómodo en un salón de clases vacío, un pasillo o en una sección de los

La violencia en la escuela

campos de la escuela, ¡ponte atento! Trata de salir, o de ser posible, buscar una ruta alternativa.

Presta atención a tus alrededores. ¿Alguien camina de manera sospechosa cerca de ti? No te limites a fingir que no lo has notado; haz algo para incrementar la distancia. ¿Es un pasillo concurrido? Rodéate de otras personas, o da vuelta rápidamente hacia uno de los lados para que la corriente de gente se lleve al acosador. ¿Sucede camino a casa? Entra a una tienda. Quédate cerca de la caja registradora. Dile al gerente que crees que alguien te ha estado siguiendo.

Si ves a otro estudiante con una pistola, una navaja u otra arma, ¡díselo a alguien! Díselo a un maestro, al director, a tus padres, a un consejero u otro adulto. Si sientes que no se lo puedes decir en persona, escribe una carta. No hay necesidad de que firmes con tu nombre.

No es tu responsabilidad quitarle el arma a otro estudiante. Nunca es buena idea enfrentarse a la otra persona, especialmente si estás solo. Deja que sean las autoridades de la escuela o la policía los que se encarguen de la situación. Si alguien te amenaza con un arma, suele ser mejor que no presentes resistencia. Haz lo que la persona te ordene, y entonces reporta el incidente a las autoridades.

Supongamos que estás en el patio de la escuela y alguien te amenaza. "De ésta no te escapas", te dice. "Puede que no traiga mi pistola a la escuela, pero

¿Qué puedes hacer?

nadie me detiene para usarla después. ¡Cuídate!" ¿Qué debes hacer?

Si alguien te amenaza, díselo de inmediato a un adulto de tu confianza. El hecho de que no estés en las instalaciones de la escuela no significa que su personal no pueda ayudarte. Ellos pueden avisar a la policía y a tus padres, quienes ayudarán a protegerte.

Es importante recordar que la violencia no necesita de armas. Trata de evitar confrontaciones con estudiantes que te pueden amenazar con los puños o los pies.

Por ejemplo, si te enojas con alguien, no lo insultes. Esto podría hacerte sentir bien de momento, pero es posible que hagas enojar a la otra persona. Si ambos se involucran en una pelea, ambos pueden resultar lastimados.

Es importante hablar acerca de tu ira. Si crees que puedes tener una conversación razonable, dile a la otra persona de manera tranquila qué fue lo que te hizo y por qué te sientes molesto. Si esto no es posible, habla con un adulto o un amigo de confianza. Ellos te podrían ayudar a arreglar las cosas con el otro estudiante. Incluso si decides no confrontar a quien te hizo enojar, la persona que te escucha te ayudará a controlar tu ira de manera constructiva.

No es buena idea responder a la agresión, incluso si se trata de una pelea con los puños. De ser posible, sal de allí. No recurras a la violencia para salvar tu orgullo. Usa la fuerza física únicamente cuando no puedas

La violencia en la escuela

alejarte y creas que será más peligroso si no peleas. Aprende formas efectivas de protegerte tomando clases de defensa personal.

Nunca lleves un arma a la escuela. Es más probable que surja la violencia cuando hay un arma disponible. Además, si te enojas estarás tentado a utilizarla. Si no portas un arma, tendrás tiempo para pensar antes de actuar.

Tú puedes pensar que necesitas de un arma para defenderte. Pero con frecuencia el arma es utilizada en contra de la persona que la porta, incluso si sólo la usa para defensa propia.

Ayúdate a ti mismo

Si crees que hay posibilidades de que actúes de forma violenta, hay varios pasos que puedes seguir para ayudarte. Primero que nada, nunca portes una pistola, navaja o cualquier otra arma. Segundo, aléjate de pandillas y drogas.

Si eres propenso a la violencia cuando te enojas o te sientes abrumado, hablar con otra persona puede ayudarte. Si no quieres hablar con tus padres, trata de hacerlo con un consejero, tu hermano mayor o un amigo. Los líderes juveniles y del clero pueden escucharte.

Puede ser que quien te escuche no pueda solucionar el problema directamente. Pero tan solo saber que le importas a alguien te hará sentir mejor. Además esta persona te puede recomendar a otras personas que

¿Qué puedes hacer?

podrían ayudarte. Así será menos probable que reacciones de una manera en la que podrías lastimar a alguien.

Piensa antes de actuar. Los tiroteos pueden parecer emocionantes en las películas. Pero cuando la escena termina, los actores dejan a un lado sus armas y van a casa a pasar la noche. Si disparas a alguien una bala verdadera, tu historia no tendrá un final feliz.

Puedes creer que al lastimar a un compañero que te ha estado molestando te lo quitarás de encima. Pero qué pasara la próxima vez que alguien te irrite. No puedes utilizar los puños para arreglar todo lo que está mal.

Si utilizas la violencia, es muy probable que causes más problemas, tanto a tu víctima como a ti mismo.

Evita la violencia antes de que suceda

Otra cosa que puedes hacer es prevenir la violencia antes de que suceda. Una manera de hacerlo es cambiando la forma en que ves las armas y la violencia. No te impresiones si alguien te muestra un arma que ha llevado a la escuela. No alientes a tus amigos a utilizar los puños cuando se enojan.

¿A tus amigos les gusta pasear por lugares donde hay mucha violencia? Sugiere otras actividades, como practicar deportes o escuchar música. Junto con tus amigos puedes elegir no ver películas o programas de televisión violentos.

La violencia en la escuela

Puedes ayudar a tus amigos cuando se enojan. Diles que quieres escuchar sus problemas. Anímalos a no involucrarse en pandillas.

Por ejemplo: Entras a clase de ciencias detrás de Manuel. José estira la pierna y lo hace tropezar. Manuel mira a José y lo escuchas decir?: "Te veo afuera a las 3:00. Tú sabes para qué". Sabes que Manuel y José pelean mucho y que frecuentemente se tornan violentos. ¿Qué debes hacer? Dile a un adulto que piensas que va a haber una pelea después de clases. Entonces el adulto puede hacer algo al respecto.

Ahora supongamos que tú no sabes con anterioridad que va haber una pelea. Pero cuando sales de clases, ves a una multitud en el patio. Manuel y José se ven enojados y comienzan a soltar golpes. ¿Qué debes hacer? Busca a un adulto de inmediato. No los animes a seguir peleando. Una pelea puede ser emocionante, pero esa emoción tiene un precio muy alto. No trates de detener la pelea tú mismo. De hacerlo podrías salir seriamente lastimado.

Estas son algunas opciones. Pero también puedes trabajar con otras personas para reducir la violencia en la escuela.

Trabaja con otros

Una vida no violenta no tiene que ser aburrida. Habla con el personal de tu escuela y de los centros

¿Qué puedes hacer?

comunitarios en tu zona. Quizás puedas organizar un club de recreación para después de clases.

Tu centro comunitario puede abrir espacios para que practiques deportes u organices fiestas. Si los trabajadores del centro saben que gente de tu escuela está interesada en estas actividades, es más fácil que te ayuden a conseguir lo que deseas.

¿Te gustaría ser un compañero mediador? Habla con tu director o consejero. Ellos podrían estar disponibles para ayudarte a iniciar el programa.

Habla con tus amigos sobre cómo pueden sentirse más seguros en la escuela. Tú podrías organizar un grupo de apoyo para después de clases. Drogas, alcohol y peleas con el novio o la novia son problemas difíciles, pero tú podrías encontrar apoyo en personas que pasan por las mismas experiencias.

Tú podrías ser un modelo a seguir para estudiantes más chicos. En ocasiones los chicos imitan lo que hacen sus amigos o parientes mayores. Cuando dices no a la violencia estás sentando un buen ejemplo para ellos.

Quizás quieras convertirte en tutor. Todos necesitan a alguien que los escuche. Posiblemente tú recurriste a un amigo cercano o a un adulto. Ahora puedes hacer lo mismo por tus amigos o familiares más pequeños. Si otros estudiantes de tu escuela están interesados, podrías formar el club del Hermano Mayor.

Así ayudarías a tus "hermanos" y "hermanas" pequeños al enseñarles que hay mejores opciones que

La violencia en la escuela

la violencia. Además, al mismo tiempo te estarías ayudando a ti mismo. Ser un buen amigo te hará sentir mejor.

—Aún extraño a Eddie —dice Memo— Éramos dos grandes amigos. Él quería salirse de aquella pandilla pero no había nada que pudiera hacer para ayudarlo. No puedo traer a Eddie de regreso, pero espero que mi trabajo en el centro comunitario pueda lograr que otros estudiantes se alejen de la violencia.

Es tu decisión

Los actos violentos producen una extraña atmósfera en la que nadie se siente seguro en la escuela. En aquellos directamente afectados puede dejar cicatrices emocionales y físicas que pueden tomar tiempo en sanar. Pero la violencia en la escuela puede prevenirse y tú puedes hacer tu parte. Cada uno de nosotros puede ayudar.

Es importante deshacerse de las armas. Las pistolas, cuchillos, navajas y cortapapeles son muy peligrosos. Lastimar a otra persona o robarle no solucionará tus problemas. La violencia no es atractiva. Puede parecer emocionante, pero sus resultados son mortales.

Los estudiantes que se sienten bien consigo mismos y con las personas que las rodean no necesitan de la

¿Qué puedes hacer?

violencia. Y cuando sabes que tienes un buen futuro por delante, no explotarás usando los puños o destruyendo los bienes de la escuela.

Actualmente, los estudiantes, maestros y padres de familia están trabajando unidos para prevenir la violencia. Conciencia, asesoramiento y participación en los programas de prevención de la violencia escolar son algunas opciones para combatir este problema. Tú puedes ayudar a hacer de nuestras escuelas un lugar seguro donde todos podamos aprender.

Glosario

agresor Persona que ataca o amenaza a otra persona.

armas Pistolas, revólveres, cuchillos u otros instrumentos utilizados para lastimar o causar daño.

confiscar Quitarle a alguien una propiedad.

delincuente juvenil Persona joven que infringe la ley.

graffiti Dibujos de naturaleza juvenil en muros y paredes.

mediador Persona que escucha ambos lados de una discusión y ayuda a encontrar una solución.

núcleo familiar Madre, padre e hijos que viven juntos en una casa.

vandalismo Destrucción o daño intencional de la propiedad.

violencia familiar Uso de la violencia o de palabras hirientes por parte de un miembro de la familia hacia otro.

Dónde obtener ayuda

American Civil Liberties Union
Revisa tus páginas amarillas para información local.

Center to Prevent Handgun Violence
Centro de prevención de violencia por armas de fuego
1225 I Street NW
Washington, DC 20005

Education Development Center
Centro de desarrollo educativo
55 Chapel Street
Newton, MA 02160

Línea de ayuda contra la violencia
En español: 1800 942-6908 / 1800 621 HOPE

La violencia en la escuela

National Crime Prevention Council
Consejo nacional para la prevención del crimen
Web site en español:
http://www.ncpc.org/espanol.htm

National School Safety Center
Centro nacional para la seguridad escolar
4165 Thousand Oaks Boulevard
Westlake Village, CA 91362

National Victims Resource Center
Centro nacional de recursos para las víctimas
P.O. Box 6000-AJE
Rockville, MD 20850

Transforming Americas Youth, inc.
Organización para la transformación de la juventud norteamericana
P.O. Box 30322
Sta. Barbara, CA 93130-0322
(805) 563 3806
Web site en español:
http://www.cjenterprises.com/tay/schoolviolence/12things_students_esp.html
http://www.cjenterprises.com/tay/schoolviolence/12things_parents.html

Sugerencias de lectura

En español:

Stark, Evan. *Todo lo que necesitas saber sobre pandillas.* New York: The Rosen Publishing Group, Inc., Editorial Buenas Letras. 2003.

En inglés:

Begun, Ruth W., and Frank J. Huml. *Ready-to-Use Violence Prevention Skills Lessons & Activities for Secondary Students.* Paramus, NJ: Center for Applied Research in Education, 1998.

Chaiet, Donna. *Staying Safe at School.* New York: The Rosen Publishing Group, Inc., 1995.

Cox, Vic. *Guns, Violence & Teens.* Springfield, NJ: Enslow Publishers, Inc., 1997.

Goodwin, William. *Teen Violence.* San Diego, CA: Lucent Books, 1997.

Miller, Maryann. *Coping with Weapons and Violence at School and on Your Streets.* New York: The Rosen Publishing Group, Inc., 1999.

Índice

A
abuso doméstico, 23
alcohol, 40, 41, 55
amenazas, 9, 13, 15, 26, 32, 37, 50
armas, 9, 12, 13, 19, 22, 32, 36, 40, 49
arrestos, 30, 33
autoestima, 42, 56–57

C
centros comunitarios, 40, 47, 55
Columbine, secundaria, 8, 10, 11–12, 15
consejeros, 47
control de armas, 12
cuchillos/navajas, 9, 13, 22, 30, 36, 40, 49

D
detector de metales, 30–31, 35–36
disciplina escolar, 33, 35, 36
  historia de, 17–18
drogas, 22, 32, 39, 40, 42, 52, 55

E
escuela alternativa, 17, 20, 33, 44
escuela
  dejar la, 9, 15
  estadísticas de crimen en, 12–14, 15
expulsión de estudiantes, 18, 32, 33

G
graffiti, 6, 9
grupos de apoyo, 55

i
ira, 12, 23, 33, 40

L
leyes, 29

M
maestros, opinión de, 16, 33, 34–35, 39
maestros, violencia contra, 13-14,

Índice

15, 19
mediadores, 38, 55
medios masivos, 7, 15, 16, 21
miedo en la escuela, 15, 16, 56

N
navajas/cuchillos, 9, 13, 22, 30, 36, 40, 49

P
pandillas, 22, 32, 35, 39, 40, 42, 46, 52
peleas, 12, 23, 26, 32, 33, 38, 40, 51, 54
pistola, conseguir una, 25–26
    colecciones, 25–26, 33
prisión, 19, 44

R
reglas, estrictas, 18, 31
robo, 13, 19–20
    de dinero, 8
    de material escolar, 8

S
sólo, estar, 24–25

T
tiroteos, 7–8, 11, 16, 19-20, 21, 42, 44, 46–47, 52-53

V
violencia
    acabando con la, 53–54
    alternativas a la, 53, 55
    contra maestros, 13, 14, 15, 19
    definición de, 9
    educación sobre la, 37, 39, 40, 42, 44-45
    entretenimiento y, 27–29
    padres y, 24–25
    programa de prevención de la, 57

Acerca del autor

Anna Kreiner es originaria de Filadelfia y posee un postgrado de salud pública de la Universidad de California en Los Ángeles. Trabaja como escritora independiente.

Créditos fotográficos

Cover photo by Michael Brandt; pp. 2, 7, 11, 26 © AP/World Wide Photos; pp. 15, 22, 25, 31, 33, 40, 42, 45 © IndexStock.

Diseño

Nelson Sá